Rioseco Izquierdo, Rosita, 1950-
    Animalfabeto : de la serie "yo pienso y aprendo" / Rosita Rioseco Izquierdo,
Mónica Ziliani Cárcamo ; ilustraciones Andrés Jullian. -- Santafé de Bogotá :
Panamericana Editorial, 1999.
    76 p. : il. ; 26 cm. -- (Colección escolar)
    ISBN 958-30-0589-4
    1.   Alfabeto - Enseñanza preescolar 2. Animales - Enseñanza preescolar 3. Español -
Alfabeto - Enseñanza I. Ziliani Cárcamo, Mónica II. Jullian, Andrés, il. III. Tít. IV. Serie
I372.21 cd 19 ed.
AGP5430

        CEP-Biblioteca Luis-Angel Arango

ANIMALFABETO

De la serie "Yo pienso y aprendo"

ROSITA RIOSECO IZQUIERDO
Profesora de educación media,
Pontificia Universidad Católica de Chile.
Profesora de educación especial y diferenciada,
Pontificia Universidad Católica de Chile.

MÓNICA ZILIANI CÁRCAMO
Profesora de educación básica,
Pontificia Universidad Católica de Chile.
Profesora de educación especial y diferenciada,
Pontificia Universidad Católica de Chile.

Ilustraciones
ANDRÉS JULLIAN

PANAMERICANA
EDITORIAL

Ilustraciones

Andrés Jullian

Primera edición en Panamericana Editorial Ltda., marzo de 1999

© 1996 Rosita Rioseco Izquierdo, Mónica Ziliani Cárcamo
© 1996 Editorial Andrés Bello
© 1999 Panamericana Editorial Ltda.
Calle 12 No. 34-20, Tels.: 3603077 - 2770100
Fax: (57 1) 2373805
E-mail: panaedit@andinet.com
www.panamericanaeditorial.com.co
Santafé de Bogotá, D. C., Colombia

ISBN: 958-30-0589-4

Impreso por Panamericana Formas e Impresos S. A.
Calle 65 No. 94-72, Tels.: 4302110 - 4300355, Fax: (57 1) 2763008
Quien sólo actúa como impresor.

Impreso en Colombia   Printed in Colombia

¿Cómo te llamas?

Aquí escribo mi nombre como yo puedo.

....

....

Éste es un cuento muy diferente,
igual a otros que quizás te cuenten.

Letras en orden como verás.
¡Es increíble! Te asombrarás.

El alfabeto en animales
que se pasean con nombres reales,
por el zoológico, por las ciudades,
por las montañas y por los valles.

Letras y letras, aquí las tienes:
te las presento si tú lo quieres.

El abecedario

A a B b C c D d E e F f G g
H h I i J j K k L l M m N n
Ñ ñ O o P p Q q R r S s
T t U u V v W w
X x Y y Z z

a A

A
de Ardilla

La **ardilla** se abriga con su enorme cola.
¿Será verdad?
¿Sabías tú que hay ardillas voladoras?

¿Qué hacen las ardillas?

LA ARDILLA

La ardilla corre.
La ardilla vuela.
La ardilla salta
como locuela.
Mamá, ¿la ardilla
no va a la escuela?

Ven, ardillita,
tengo una jaula
que es muy bonita.
No; yo prefiero
mi tronco de árbol
y mi agujero.

Amado Nervo
(mexicano)

7

b B

B

de Ballena

La **ballena** azul es el animal
más grande del mundo.
¿Será cierto?

LA BALLENA FILOFILOMENA

En el mar azul,
bajo las estrellas plateadas del cielo
y las nubes de tul,
vivía una vez una joven ballena
también color azul, que era muy buena,
y se llamaba Filofilomena.

Pescaditos y pescados
rojos, verdes y plateados,
iban a pasear por la mar serena
de aguas tranquilas,
sobre el lomo azul de la azul ballena,
y hasta iban los pulpos y las anguilas…

Filofilomena
era una ballena
muy buena.

(Fragmento)

M. Hortensia Lacau
(argentina)

c C

C
de Canguro

El **canguro** pequeño se alimenta
de la leche de su mamá,
dentro de la bolsa marsupial.

10

EL CANGURO

¡Qué raro es el canguro
con su bolsa delante!
¿Un bolsillo gigante
para caso de apuro?

Un refugio seguro
para el hijo lactante
que contempla expectante
como asomado a un muro.

Su cola es hierro puro
de fuerza impresionante
y empuja hacia adelante
golpeando el suelo duro.

De: *El mundo de los niños*
Salvat Editores

11

cC hH

Ch
de Chancho

El **chancho** es un animal doméstico.
¿Sabías tú que los nombres chancho, cerdo,
puerco, cochinillo, marrano tienen el mismo significado?
¿Cómo nombras tú a este animal?

* Fíjate que el sonido **Ch** de **cha**n**cho**, **chi**mpancé, **cho**colate, etc., se forma con las dos letras del alfabeto que están en los cubos: la letra **C** y la letra **h**.

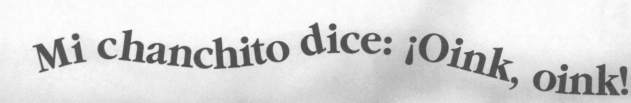

Mi chanchito dice: ¡Oink, oink!

EL CHANCHITO GORDO

Tiene mi chanchito gordo
orejas color de rosa,
una panza muy repleta y
cuatro pezuñas lustrosas.

Mi chanchito dice: ¡Oink, oink!
con su cola muy nerviosa,
juguetea con el barro
y con su hocico hoza.

Tiene mi chanchito gordo
una tremenda flojera,
se duerme tendido al sol
con sus pestañas tan tiesas.

Catalina Iglesias K.
(chilena)

¿Conoces el cuento de los tres **chanchitos** desobedientes? Coméntalo.

d D

D
de Dinosaurio

Los **dinosaurios** ya no existen.
Eran animales muy grandes
que vivieron hace millones de años.
¿Será cierto?

N Ñ O P Q R S T U V W X Y Z

¿Existen los dinosaurios?

¿A QUÉ JUEGAN LOS DINOSAURIOS?

A los dinosaurios les gusta jugar,
cuando hay luna llena, al mandandirundán.
Cogidos del brazo dan saltos graciosos.
"¡Cuidado!", grita uno. "¡Soy muy cosquilloso!"

Lindos dinosaurios
verdes y simplones,
tan tiernos, enormes, risueños, glotones.
Pero una cosa
quiero preguntar:
¿por qué a las escondidas les cuesta jugar?

María Luisa Silva
(chilena)

15

e E

E
de Elefante

El **elefante** come al desayuno
más o menos 30 kilos de alimento.
¿Cuánto comes tú al desayuno?
¿Qué más sabes del elefante?

CANCIÓN DE CUNA DE LOS ELEFANTES

El elefante lloraba
porque no quería dormir…
–Duerme, elefantito mío,
que la Luna te va a oír…

–Papá elefante está cerca;
se oye en el manglar mugir;
duerme, elefantito mío,
que la Luna te va a oír…

El elefante lloraba
(¡con un aire de infeliz!),
y alzaba su trompa al viento…
Parecía que en la Luna
se limpiaba la nariz…

Adriano del Valle
(español)

f F

F

de Foca

La **foca** aprende a jugar,
por eso dicen que es casi tan inteligente
como un delfín.

¿Crees tú que un animal puede ser inteligente?
Coméntalo.

LA FOCA

Si cualquier día vemos una foca
que junta margaritas con la boca
y fuma y habla sola
y escribe con la cola
llamemos al doctor
la foca está loca.

María Elena Walsh
(argentina)

19

g G

G
de Gato

Los **gatos** ronronean cuando están contentos.
Los gatitos también ronronean
para que su mamá les dé su leche.
¿Los has escuchado?

Adivina... adivina buen adivinador...

Pasea de noche
duerme de día,
le gustan la leche
y la carne fría.
Todos dicen
que tiene siete vidas,
¿Será verdad o
será mentira?

(Folclor paraguayo)

21

h H

H
de Hipopótamo

El **hipopótamo** es un animal enorme y muy pesado,
sus patas son cortas para su peso y tamaño.
Por eso es torpe para caminar,
pero en el agua de los ríos flota feliz y nada ligero.
Le encanta el agua y le hace bien a su piel.
¿Y a ti?

¿Hipopótamos verdes?

En la tienda de la esquina
se vendían ilusiones,
hipopótamos que volaban
y trenes con mil vagones.
Yo estoy muy sorprendido
porque volando vi
a un hipopótamo verde
con cola de colibrí.

M.Z.C.
R.R. I.

i I

I
de Iguana

La **iguana** marina y la iguana terrestre son reptiles.

Se encuentran en América del Sur, en especial en Ecuador, en las Islas Galápagos.

En estas islas hay lugares protegidos donde las cuidan para que no se extingan.

También corren peligro porque algunos animales, como los ratones o los gatos, que no son nativos de esas islas, se comen los huevos de las iguanas, causando mucho daño.

ANA LA IGUANA

Hay unas iguanas nadadoras.
Les gusta el mar, las rocas soñadoras.

Hay otras iguanas, son terrestres...
suben y bajan por los cactus silvestres.

Parecen ancianitas arrugadas,
bajo el sol con su astuta mirada.

¿Qué serían?, ¿qué son?, ¿qué serán?
Son reptiles
como el cocodrilo y el caimán.

Y ¿quién soy yo?
Por si quieres saber...

Soy Ana la Iguana
¡la más linda!
que tú ves
cada mañana.

M.Z.C.

25

A B C D E F G H I J K L M

j J

J
de Jirafa

La **jirafa** es el animal mamífero
que tiene el cuello y las patas más largas.
La jirafa mide hasta seis metros de alto.
¿Cuánto mides tú?

26

¿Por qué es jirafa, la jirafa?

LA JIRAFA BIEN JIRAFA

Una
jirafa
tan
ajirafada.
Vive
en
la
selva,
muy
aselvada.

Come
hojas
verdes,
verdes
verduras.

Con
su
cuello
largo
largo
largura.
Es una
jirafa,
¡ay! ¡Qué frescura!

Si se toma el agua
miren lo que pasa...
No dobla sus rodillas
las piernas piernillas.

Ésta es la jirafa,
¡ay! ¡Qué maravilla!

M.Z.C.
(chilena)

ABCDEFGHIJKLM

K
de Koala

A mamá **koala:**

Mamá, mamacita, me das tu calor
en tu piel calentita yo tengo tu amor.
Seguro me siento sobre tu lomo,
estando contigo de nada me asombro.

Tu hijo koala

¿Será cierto, será verdad...

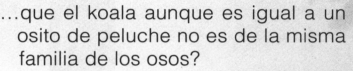

...que el koala aunque es igual a un osito de peluche no es de la misma familia de los osos?

El koala es un marsupial como el canguro, es decir, que las hembras tienen sobre su vientre una bolsa como un bolsillo gigante donde llevan a su cría durante un año hasta que puede cuidarse solo.

El koala se alimenta de la leche de su madre en la bolsa marsupial. Ahí está calentito y recibe todo el cuidado y amor que necesita.

¿Te habría gustado ser marsupial? ¿Te imaginas tener una bolsita donde acurrucarse pegadito a la mamá?

¿Sabías tú que el koala cuando sale de la bolsa marsupial se alimenta de hojas frescas de eucaliptus?

¡Fíjate que cuando el cachorro koala hace travesuras, su mamá lo pone sobre sus rodillas y le pega con la palma de la mano para que aprenda a portarse bien.

¿Qué te parece? Esto sucede en Australia, en ese lejano país es donde vive el koala. ¿Puedes localizarlo en un mapa?

L

L
de León

El **león** cuando es cachorro
se alimenta de la leche de su mamá.
La mamá leona enseña a sus hijos
poco a poco hasta que aprenden a cazar
para conseguir su alimento.
¿Qué más sabes del león?

N Ñ O P Q R S T U V W X Y Z

¡ERES EL REY, ERES EL LEÓN!

El león Leoncio Leonel
desde siempre ha sido el rey.
Él lo sabe, lo presiente,
se lo ha dicho la serpiente:
¡ERES EL REY DE LO VIVIENTE!

Por tu porte,
tu hermosura,
tu gran fuerza
y caminar con bravura:
¡ERES EL REY DE LA LLANURA!

Corres veloz como el viento,
nadas por correntosos
y profundos ríos
con alas de espuma:
¡ERES EL REY DE LA TIERRA Y DE LA LUNA!

Subes firme con tus garras.
Trepas tan alto como hierba
por el frondoso y verde follaje.
¡ERES EL REY DE TODO EL PAISAJE!

Majestuoso, salvaje felino,
rugido hecho canción,
matas por hambre,
y no por entretención.
¡ERES EL REY, ERES EL LEÓN!

M.Z.C.

Ll
de Llama

–¿Cómo se llama?
–¿Quién? ¿La **llama**?
–Este animal de carga
que siempre se viste de lana.
–Llama, se llama.

* Fíjate que el sonido **Ll** de llama, lluvia, llave, etc., se forma con la unión de dos letras **l**. Por eso aparecen dos cubos con las letras **l**.

32

¡Te llama la Llama!

¿SABÍAS QUE…

…la llama es un precioso animal doméstico?
Se ha hecho famosa una llama
que vive tranquila en una hostería en Vicuña*.
Al verla contenta, echada o parada,
descansando tan tranquila, dan ganas de
quedarse a vivir la paz de esa hermosa ciudad.
Le dicen el "llamo Quico" porque es macho.
Es la diversión de los que llegan a ese lugar,
especialmente de los niños.
Quico es manso, y se hace querer
por todos los que lo conocen.
Le encanta que le tomen fotos.
Es un animal simpático y pacífico
como todos sus hermanos.
El "llamo Quico" les hace una gracia
a los niños: toma el pasto con su boca y lo lanza lejos.
Después se queda feliz y parece que riera al mostrar sus dientes.
Tiene el pelo blanco y precioso, aunque hay otras llamas que lo
tienen negro o rojizo.

Sus orejas son tiesas y las mueve como si hablara con ellas.

Esta información del "llamo Quico" fue proporcionada por dos
personas muy amables que trabajan en esa hostería. Son Armando
Medalla y Leonardo Palma: ellos cuidan y quieren mucho al "llamo
Quico". Les damos las gracias por lo que nos contaron.

* Vicuña: Lugar de nacimiento de la poetisa Gabriela Mistral (IV región), Chile

33

m M

M
de Mono

El **mono** pequeño es muy apegado a su mamá.
Lo alimenta con su leche,
lo lleva con ella, lo limpia y lo cuida.
   A los monos les gusta hacer travesuras
y, como son monos, copian,
imitan lo que otros hacen.
¿Has visto monos de verdad?
¿Qué sabes de ellos?

OLIVIA, LA MONA

Olivia, la mona,
tiene largos brazos,
piernas muy cortitas
y boca de jarro.

Olivia, la mona,
siempre anda enojada
porque no es sirena
de cola plateada.

Olivia, la mona,
tiene una monita
muy chica y chascona,
se cree bonita.

Olivia, la mona,
es tan vanidosa,
se mira al espejo:
–¡Ay, que soy hermosa!

Olivia, la mona,
nunca entiende nada,
pero sí es muy lista
para hacer monadas.

María Luisa Silva
(chilena)

35

ꞃ N

N
de Nutria

Mamá **Nutria:**

Hoy sentí mucha pena
cuando unos hombres te llevaron de mi lado.
¿Para qué sería?

Tu hija Nutria

¡Noticias! ¡Noticias!

LA NUTRIA ESTÁ EN
PELIGRO DE DESAPARECER.
SU PIEL ES MUY VALIOSA.

¡LA NUTRIA NO QUIERE
QUE LA CACEN MÁS!
¡NOSOTROS TAMPOCO!

¿SABÍAS TÚ…

…que las nutrias son mamíferos adaptados a la vida acuática? Hay distintas especies de nutrias y una de ellas es la nutria marina. ¿Quieres conocer cosas entretenidas sobre ella?

Te cuento que la nutria marina pasa la mayor parte de su vida en el agua, donde se alimenta de peces, crustáceos y moluscos. Sólo sale del agua cuando hay tormentas demasiado fuertes.

Las nutrias se destacan entre algunos animales por ser excelentes nadadoras. Lo hacen remando con sus patas traseras y su cola. Además son capaces de sumergirse hasta 40 metros de profundidad. ¿Te imaginas cuánto es esto? Si tú mides un metro, significa que la nutria se sumerge 40 veces el alto tuyo.

Otra curiosidad: podrías reconocer a una nutria de lejos porque cuando duerme lo hace tapándose los ojos con sus patas delanteras; parece como si tuviera anteojos puestos.

ñ Ñ

Ñ
de Ñandú

El **ñandú** es un ave diferente.
Es grande y pesada, y por eso no vuela.
Claro que tiene plumas y pone huevos.
Se parece al avestruz, pero
el tamaño del ñandú es menor.

¿EL ÑANDÚ?

Soy un ave
que no vuela
corredora y patilarga.

En mi cuerpo
plumas grises
bien plantadas.

Muy muy alta
cuello esbelto y
en la parte superior
mi pequeña cabeza
colocada.

Con mi cara
preguntona
y asombrada.

Del avestruz
soy ave prima hermana
más chiquita y...
sudamericana.

Yo te insisto
aún no sabes.
¿Quién soy yo?
Adivina, adivina,
buen adivinador.

M.Z.C.

O

O o

O
de Oso

Hay **osos** que viven en el hielo.
Son los osos polares.
Dicen que no sienten frío gracias a su piel.
¿Será verdad que hay osos a los que les
gusta la miel?

¡SI YO FUERA UN OSO...!

Si yo fuera un oso
blanco, negro o gris,
un abrigo hermoso
de piel, del país,
llevaría puesto
y la blanca helada
o el frío molesto
no me harían nada.

De piel serían mis botas
y de piel mis bellos guantes
y de piel mis calcetines
y mi gorra y mis tirantes
y también mis pantalones,
camisa, cuello y corbata
y el traje de los domingos,
los pijamas y la bata.

Me pasaría el invierno
en una cama de piel
y al alcance del hocico
pondría una olla de miel.

De: *El mundo de los niños*,
Salvat Editores.

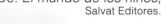
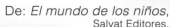

P

de Perro

El **perro** es un animal doméstico.
Dicen que es amigo del hombre.
¿Por qué dirán eso?
¿Has tenido un perro alguna vez? ¿Cómo era?
¿Qué razas de perros conoces?
Comenta lo que sabes.

LOS DIEZ PERRITOS

Yo tenía diez perritos,
uno se murió en la nieve:
no me quedan más que nueve.

De los nueve que quedaban,
uno se comió un bizcocho:
no me quedan más que ocho.

De los ocho que quedaban,
uno se voló en cohete:
no me quedan más que siete.

De los siete que quedaban,
uno se lo llevó el rey:
no me quedan más que seis.

De los seis que me quedaban,
uno se mató de un brinco:
no me quedan más que cinco.

De los cinco que quedaban,
uno se arrancó al teatro:
no me quedan más que cuatro.

De los cuatro que quedaban,
uno se cayó al revés:
no me quedan más que tres.

De los tres que me quedaban,
uno se murió de tos:
no me quedan más que dos.

De los dos que me quedaban,
uno quedó sin desayuno:
no me queda más que uno.

Y a ese perro que quedaba,
me lo arrebató un becerro:
no me queda ningún perro.

(Popular latinoamericano)

q Q

Q

de Quirquincho

El **quirquincho** es muy parecido al armadillo. Los dos se convierten en redondeles que parecen ovillos.

¿Serán los dos el mismo animal con distinto nombre? ¿Cómo podríamos saberlo?

El Quirquincho

¿SABÍAS TÚ…

…que el quirquincho
es un mamífero muy
especial?
Tiene el cuerpo cubierto
por una coraza dura,
pero puede enroscarse como
un ovillo de lana cuando está en peligro.
Camina casi arrastrándose, con sus
cuatro patas muy cortas, comparadas con su cuerpo.
El quirquincho habita en América del Sur.
¿Y sabías algo muy increíble? Del caparazón del quirquincho se
puede hacer un instrumento musical llamado charango,
parecido a una pequeña guitarra. Pero…¡Qué pena
sería tener que matarlo para eso! ¿No es cierto?

A B C D E F G H I J K L M

R

de Rinoceronte

El **rinoceronte** tiene mucha fuerza.
Cuando se enoja, usa sus fuertes
cuernos para atacar.
¿Por qué se enojará un rinoceronte?
¿Por qué te enojas tú?

RINO EL GRAN RINOCERONTE

Rino rino
Rino fante
Rino patas de elefante.

Rino cola de león
Rino hipo nadador
Rino cuerno, Rino enorme
Rino orejas de ratón
¿Rino de color marrón?

¿Dónde vives, Rino amigo?
¿En las aguas? ¿En la selva?
¿En el frío o el calor?
¿En el llano o en el monte?

Dime, gran rinoceronte,
¿Eres triste o bien, alegre?
¿Agresivo o bonachón?

Yo te he visto sólo en cuentos
Rino Rino, no te miento,
hoy yo busco información.

M.Z.C.

A B C D E F G H I J K L M

S

de Sapo

El **sapo** es un animal anfibio.
Se oculta en el día y sale de noche
a cazar insectos, gusanos y moluscos.
¿Sabes por qué el sapo es anfibio?
Coméntalo, y si no lo sabes, lo sabrás.

N Ñ O P Q R S T U V W X Y Z

EL SAPITO SERENATERO

Un sapito guapo
da una serenata,
a la luna llena
de color de plata.

Contrató la orquesta
de unos cien flautistas,
todos gordiflones,
todos muy artistas.

La lunita llena,
muy gentil y apuesta,
sale a la ventana
a escuchar la orquesta.

Los sapitos tocan
muy alegres sones,
todos muy artistas,
todos gordiflones.

Gustavo Alfredo Jácome
(ecuatoriano)

T

de Tortuga

La **tortuga** es un reptil. Pone huevos.
Tiene cuatro extremidades cortas; casi se arrastra.
Hay tortugas de mar y de tierra.

En las islas Galápagos, en Ecuador, existe una
gran variedad de tortugas.

Algunas son enormes. En un lugar especial
las reproducen, las crían y, cuando han crecido,
las devuelven para que vivan libres.

¿Qué más sabes de las tortugas? ¡Cuéntalo!

LA TORTUGA DOROTEA

La tortuga Dorotea
por el río se marchó,
en un barco de madera
con dos velas de algodón.

El río cantaba abajo,
arriba cantaba el sol;
la tortuga Dorotea
muchas lunas navegó.

Llegó una tarde de enero
al país de la ilusión;
donde·los niños son flores
y las flores son arroz.

Compró en todos los bazares
seda de alas de gorrión,
perfumes de rosas niñas,
puntillas de lluvia y sol.

Cansada ya de su viaje,
feliz de ver lo que vio,
subió a su barco de velas
y por azul se marchó.

El río cantaba abajo,
arriba cantaba el sol,
la tortuga Dorotea
muchas lunas navegó.

Graciela Genta
(uruguaya)

U
de Unicornio

¿SABÍAS TÚ…

…que el **unicornio** que aparece en los cuentos es un hermoso caballo con un largo cuerno en la frente y que este animal no existe en la realidad?

Pero… hay un unicornio marino, el narval, que es verdadero y tiene un largo colmillo desarrollado como si fuera un cuerno, que usa para defenderse. ¿Quieres conocer más de él? ¡Investiga!

EL UNICORNIO AZUL

Un día desperté soñando y
soñando, soñando, soñé
en un mundo imaginario
donde todo puede ser.

Era un caballo dorado de
suaves alas de tul
que al querer alcanzarlo
se perdió en el cielo azul.

Mi hermoso caballo dorado
lo pintaba un ángel de luz,
sus alas suaves y dulces
convertidas pronto estarían
en cuerno, espada y azul.

Mi sueño que soñé soñando,
era el unicornio azul.
Y dicen y dicen los cuentos:
quien al unicornio ve,
todos los sueños se cumplen
hasta los que no pueden ser.

M.Z.C.

V
de Vaca

La **vaca** que nos da su rica leche,
también nos proporciona mucho más.
¿Qué será?, ¿qué será?
Piénsalo y lo sabrás.

¡No es una vaca cualquiera!

¿ES UNA VACA?

Es una vaca
muy tontiloca,
no tiene cuernos
no tiene boca.

Sacarle leche
nunca he podido
porque la vaca
no la ha tenido.

Llevarla al campo
es imposible
porque sus patas
son invisibles.

Espantar las moscas
ella no pudo
porque la cola
jamás la tuvo.

Este es el cuento
que terminó
porque la vaca
ya se voló.

M.Z.C.

w W

W
de Wombat

El **wombat** es un animal muy especial.
También es mamífero y marsupial.
Hace túneles como un topo.
¡Jamás lo he visto y no estoy loco!

Ha llegado carta...

Hola, primo Willy:

Estoy feliz porque me regalaron un pequeño wombat; no es un ratón, ni un oso, se parece algo al koala que te mandé en la fotografía anterior. ¿Cierto?

Este wombat es simpático, y como lo recibí chiquito, apenas se salió de la bolsa marsupial de su mamá, me ha resultado más fácil domesticarlo.

Come zanahorias jugosas, hierbas y hojas de árboles.

Ojalá que no se me escape.

He visto cómo hacen unos tremendos túneles bajo tierra y ahí viven. ¡Claro que salen a comer!

Otro día te cuento más.

Saludos al tío Waldo y a la tía Wanda. ¿Te gustó la fotografía? Salimos bien, ¿ah? Después te mandaré otra para que veas cómo ha crecido mi wombat.

No sé qué nombre ponerle... ¿Cuál te gustaría a ti?

Adiós,

Wendy

x X

X

de Xareo

¡Qué raro es el nombre de este pez!
Yo no lo conocía, ¿y tú?

¿SABÍAS TÚ…

…que el **xareo** mide medio metro de largo, tiene aletas bien grandes y vive en los mares tropicales?

¿Sabes dónde encontré esta información? En un diccionario muy bueno.

Y

de Yac

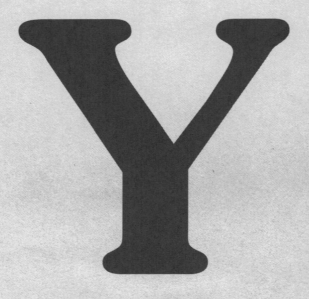

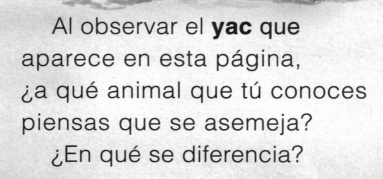

Al observar el **yac** que
aparece en esta página,
¿a qué animal que tú conoces
piensas que se asemeja?
¿En qué se diferencia?

¿SABÍAS TÚ...

...que el **yac** es
un animal salvaje,
pero que puede domesticarse?
Por su fuerza, lo utilizan para llevar pesadas cargas.
El **yac** puede subir difíciles y grandes alturas.
Vive en los altos montes Himalaya, en Asia,
¡muy lejos de aquí! Si quieres, con tus compañeros,
puedes localizar ese continente en un mapa.

Z

de Zorzal

El **zorzal** es un ave pariente del tordo.

Dicen que el zorzal es muy astuto.

¿Será verdad?

Pero lo más hermoso es su cantar.

¿Lo has escuchado?

¿Qué otras aves conoces que tengan un melodioso cantar?

62

N Ñ O P Q R S T U V W X Y Z

EL ZORZAL

Con su pechera rosada
y su levita marrón;
con ese cuerpo robusto
y ese aire de gran señor,
nadie lo imaginaría
tan delicado cantor.

Muere el sol y, junto al río,
da sus silbos el zorzal;
la tarde, que se marchaba,
se volvió para escuchar;
el agua, que iba corriendo,
se detuvo hecha un cristal;
el aire quedó en suspenso;
la brisa, sin respirar;
abrió una boca tamaña
la Luna sobre el sauzal,
y con lágrimas de estrellas
el cielo rompió a llorar…

Anochece... Junto al río
sigue cantando el zorzal.

Juan Burghi
(uruguayo)

63

poemas, poemas... Animalpoemas

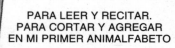

PARA LEER Y RECITAR.
PARA CORTAR Y AGREGAR
EN MI PRIMER ANIMALFABETO

¡PARA PENSAR
Y CREAR!

H

LAS HORMIGAS

Mira las hormigas:
cómo vienen y van
haciendo su granero
para el frío pasar.

Allá en el hormiguero
alegres estarán
la reina y las obreras
después de trabajar.

Carmen Medina
(cubana)

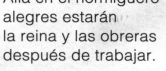
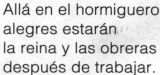
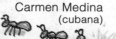

C

LO QUE ES EL CARACOL

Caracol:
mínima cinta métrica
con que mide el campo Dios.

Jorge Carrera A.
(ecuatoriano)

G

LA GALLINA

La gallina Nicaragua
puso un huevo en el alar,
puso dos, y tres y cuatro,
cinco y seis, y muchos más.

Cada día, muy temprano
con su alegre cloá, cloá, cloá,
anunciaba un blanco huevo
delicioso al paladar.

La gallina era pequeña,
pero linda de verdad,
y gozaba por sus prendas
del cariño general.

Fragmento

Víctor E. Caro
(colombiano)

L

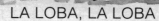

LA LOBA, LA LOBA

La loba, la loba
le compró al lobito
un calzón de seda
y un gorro bonito.

La loba, la loba
salió de paseo
con un traje rico
y su hijito feo.

La loba, la loba
vendrá por aquí
si este niño mío
no quiere dormir.

Juana de Ibarbourou
(uruguaya)

LAS OVEJAS

Las ovejas balan,
balan sin cesar.
Pregunta don Nuño:
–¿Por qué balarán?

Llévenlas al río
quizá sed tendrán.
Las ovejas balan,
balan sin cesar.

Responde don Nuño:
–¿Por qué balarán?
Llévenlas al pasto
quizá hambre tendrán.

(Folclor paraguayo)

SUEÑO MI CABALLO

El niño quiere perderse
entre los árboles;
el niño tiene un caballo
de pura sangre.

El niño sube a países
de luz y aire;
con una espina de oro
mata gigantes.

El niño muerde manzanas
así... de grandes...
y a orillas de un mar de música
llama a su madre.

Claudia Lars
(panameña)

¡Animal adivinanzas!

1. La miro muy asombrado
con su cuello largo y liso.
Posa sus pies en el suelo
y la cabeza en otro piso.

2. Pasea de noche,
duerme de día,
le gusta la leche
y la carne fría.

3. En alto vive, en alto mora,
teje que teje, la tejedora.

4. Chico como una nuez,
sube al monte
y no tiene pies.

5. Adivina, buen adivinador,
¿qué insecto al final tiene don?

6. Tengo traje verde
todo arrugadito;
lo lavo en los charcos
lo seco al solcito.

7. Verde nace,
verde se cría,
y verde sube
troncos arriba.

8. Llevo mi casa al hombro,
camino sin una pata,
y voy marcando mi huella
con un hilito de plata.

9. Cien damas en un camino
no hacen polvo ni remolino.

10. ¿Cuál es el animal
que tiene alas
y no es pájaro?

11. Viste chaleco blanco
y también de negro frac.
Es un ave que no vuela
y se sumerge en el mar.

1. Jirafa 2. Gato 3. Araña 4. Caracol 5. Moscardón 6. Sapo 7. Lagarto 8. Caracol 9. Hormigas 10. Murciélago 11. Pingüino

Yo construyo mi alfabeto

En las páginas siguientes podrás construir tu propio alfabeto, descubriendo y explorando las letras del abecedario. ¿Cómo?

Colorea los animales que aparecen en ellas lo más creativamente posible. Las letras que están junto a ellos corresponden al sonido inicial del nombre de cada animal. Destaca estas letras con un color diferente.

Haz lo siguiente: Con mucho cuidado, corta estas páginas guiándote por las líneas en que dice "cortar". Luego dobla las hojas guiándote por las líneas en que dice "doblar". Ahora puedes armar tu propio libro del alfabeto ordenando las páginas de acuerdo con la numeración. Pide a tu profesor o a tus papás que te ayuden a armarlo. Puedes coserlo con hilo para que quede firme. Antes de esto, coloca alternadamente otras hojas en blanco, siempre del mismo tamaño, en las que podrás agregar otros animales, o poemas e informaciones referentes a ellos.

Vas a disfrutar con tu **primer Animalfabeto. ¡Felicitaciones!**

Y y
Yac

Z z
Zorzal

A a
Ardilla

24

1

R r
Rinoceronte

G g
Gato

18

7

B b
Ballena

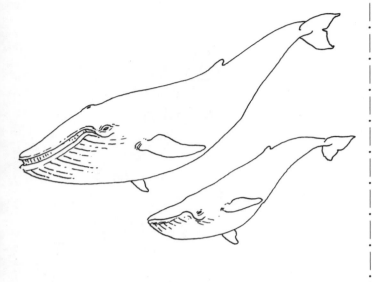

2

W w
Wombat

X x
Xareo

23

Cortar

H h
Hipopótamo

8

Q q
Quirquincho

17

doblar

V v
Vaca

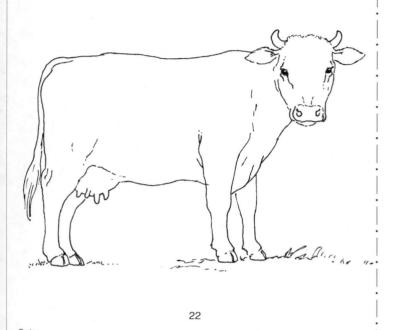

C c
Canguro

Ch ch
Chancho

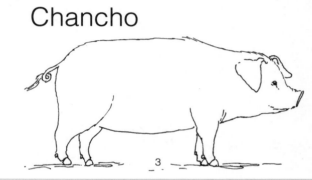

P p
Perro

I i
Iguana

Cortar

doblar

D d
Dinosaurio

4

U u
Unicornio

21

J j
Jirafa

10

O o
Oso

15

T t
Tortuga

20

E e
Elefante

5

N n
Nutria

Ñ ñ
Ñandú

K k
Koala

11

F f
Foca

6

S s
Sapo

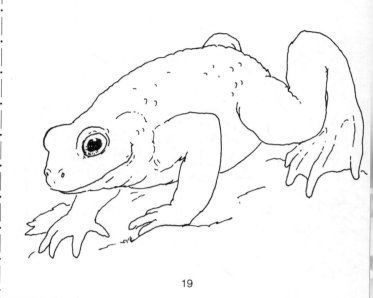

19

L l
León

Ll ll
Llama

12

M m
Mono

dobar

13

ANIMALFABETO

A a
B b
C c
D d
E e
F f
G g
H h
I i
J j
K k
L l
M m
N n
Ñ ñ
O o
P p
Q q
R r
S s
T t
U u
V v
W w
X x
Y y
Z z

Fin

Pegar sobre una cartulina y cortar por las líneas negras.

Índice